Pe. Alberto Gambarini

O poder da palavra

Frases que transformam vidas

São Paulo - 2018

Ágape
Pe. Alberto Gambarini

Caixa Postal 32
06850-970 – Itapecerica da Serra/ SP
T (11) 4666-3988 / 4666-3619
Home page: www.encontrocomcristo.org.br

ISBN: 859788673-0
Revisão: Maria E M da Silva
Editoração Eletrônica: Maxdesign
Colaboração: Wesley Oliveira dos Santos

Religião. Internet. Twitter.

Janeiro de 2018.

ENCONTRO COM CRISTO

Pe. Alberto Gambarini é Pároco da Paróquia-Santuário N. Sra. dos Prazeres e Divina Misericórdia em Itapecerica da Serra, apresentador do Programa Encontro com Cristo na Rede Vida de Televisão e outras emissoras, autor de diversos livros de espiritualidade. Seus livros foram lidos por milhões de leitores, e é acompanhado por milhares de pessoas nas Redes Sociais. Tem como inspiração de sua vida " anunciar Jesus misericordioso com a alegria de Maria."

f PadreAlbertoGambarini

@padrealberto_

padrealbertogambarini

www.encontrocomcristo.org.br

Horários do Programa Encontro com Cristo

Rede Vida de Televisão

De Segunda à Sexta-feira às 06h30 e as 17h30
Domingo às 17h00

Tv Gazeta Canal 11 de São Paulo

Domingo às 08h00

Dedico este livro à família do Programa Encontro com Cristo, responsável pela organização de relatos diários que recebo através da pregação da palavra. São histórias de pessoas que se converteram e modificaram suas vidas para melhor. Sou grato a todos vocês. Muito obrigado e que Deus os abençoe. Amém!

Sumário

Apresentação

É com muita alegria que apresento a você mais um livro de minha autoria: O poder da palavra – frases que transformam vidas. Projeto que surgiu das postagens diárias do meu Twitter (@padrealberto_). Um dos meios de comunicação em que utilizo para anunciar a Palavra de Deus.

Como objetivo principal, de O poder da palavra – frases que transformam vidas, quero levar vida e esperança às pessoas através do amor infinito de Deus. Amor contido na Palavra viva e eficaz que é a Bíblia. Com ela temos que combater o bom combate.

Quando abracei a missão de evangelizar, via meios de comunicação, sabia que teria de enfrentar muitos desafios. Para atender a esses desafios, e a uma grande necessidade de cumprir a vontade de Deus, caminho no ofício de transmitir os sentimentos de amor e felicidade.

Sentimentos, bom ressaltar, que inundam o coração de quem, verdadeiramente, vive no amor e na fé em Jesus. É isso que me anima e me impulsiona.

Tenho recebido relatos de pessoas que se converteram e modificaram as suas vidas para melhor. São relatos que chegam diariamente, através da pregação da Palavra.

Por isso faço questão de ressaltar que ser da Família Encontro com Cristo é, antes de tudo, testemunhar aos irmãos o quanto é bom ter Jesus ao nosso lado. É ter a certeza de que o Espírito Santo nos inunda, fortalecendo-nos cada vez mais.

O meu desafio é merecer que este livro faça parte da sua vida.

Deus te abençoe e os anjos o protejam. Salve Maria!

Pe. Alberto Gambarini

Fé

Respondeu-lhes Jesus:
"Tende fé em Deus".

Marcos 11,22

A nossa maior riqueza é a nossa fé. Ainda que percamos tudo na vida, não podemos perder a fé. Sem fé teremos perdido tudo.

Ter fé é acreditar que Deus nunca nos desampara.

A fé nos dá a certeza de que Jesus não nos decepciona, e está sempre pronto a nos atender.

A fé é um dom gratuito de Deus, dado a toda e qualquer pessoa. A única condição é exercitá-la.

A nossa fé é fortalecida em meio aos problemas e tempestades de nossa vida.

Cultive a fé. Ela nos dá a certeza da presença de Deus. Creia que ninguém está privado da família. A Igreja é a casa e a família de todos.

Reaja diante de qualquer problema. Afirme que você pode enfrentar qualquer situação. Isso é possível para quem mantém acesa a chama da fé!

A fé em Cristo cura as feridas do nosso coração.

Não fique contente com uma fé qualquer. Permita que o Senhor te dê a fé suficiente para crer que o pecado e os vícios podem ser vencidos.

Quem segue a Jesus Cristo recebe o chamado, todos os dias, para exercitar a sua fé.

A fé nos faz entender que apesar dos problemas existirem é possível enfrentá-los, superá-los.

A fé é uma ação de Deus no coração da pessoa, capaz de levá-la a crer. Apesar de todas as circunstâncias.

A fé precisa falar mais alto em nosso coração. É ela que nos abre a visão para o eterno e intenso amor de Deus.

Quem deseja ver milagres não pode deixar a sua fé ser contaminada pela descrença.

Amizade

"Azeite e incenso alegram o coração: a bondade de um amigo consola a alma".

Provérbios 27, 9

Você pode colher tesouros de todo tipo. Mas nada tem comparação com um amigo sincero.

A Amizade sincera é como um perfume agradável.

Cultive a amizade sem fazer distinção de pessoas. Deus continuará abençoando este lindo ministério.

Como encontrar em Jesus um amigo? Basta ir a Ele reconhecendo-O como Deus verdadeiro, que nos ama e nos quer feliz!

Quem disse que amigo é aquele que te afasta de Deus? O verdadeiro amigo mostra o caminho da santidade. E os que temem a Deus o encontrará.

Amigos são de fato irmãos que a vida nos permite escolher!

Oração

"Tudo o que pedirdes com fé na oração, vós o alcançareis".

Mateus 21,22

Rezar é aceitar que não sou Deus. Só um Deus de amor pode dar-me aquilo que tanto necessito para alcançar a verdadeira felicidade.

A oração nada mais é do que levar a nossa vida diante de Deus, dia após dia.

Rezar é encontrar-se pessoalmente com Deus. Tenha sempre em mente que Jesus é o Salvador.

A oração é uma conversa de dois amigos! Seja amigo de Deus!

Não podemos ser cristãos "aguados", sem identidade. O caminho envolve rezar a Palavra, a Eucaristia, o retiro espiritual e levar Jesus para todos.

Quem reza com o coração leva Deus para

o seu dia. E mais, experimenta do seu amor, e, é capaz de praticar o bem.

Devemos dar graças sempre. As forças do inimigo não suportam quando louvamos a Deus com amor. Elas ficam totalmente sem força contra nós!

Jesus nos convida a ser perseverante na oração. É através de nossas orações e súplicas que somos acariciados pelo amor e bondade de Deus.

Um dos piores perigos da vida espiritual é deixar de rezar. A oração é o combustível da fé viva!

Perdão

"Não julgueis, e não sereis julgados; não condeneis, e não sereis condenados; perdoai, e sereis perdoados".

Lucas 6,37

O perdão é dom de Deus. É gratuito. Não é merecimento. É dom, presente mesmo.

O perdão é necessário para curar espiritualmente os corações.

A falta de perdão prejudica a relação entre as pessoas e a nossa relação com Deus.

Quer o perdão de Jesus? Perdoe o próximo. Quem perdoa é perdoado. Viva o perdão e será realmente feliz!

O amor se revela no perdão.

O perdão cura e liberta. Ajuda-nos a seguir em frente.

O amor a Deus e ao próximo se constitui

a um só amor, que se ilumina e se completa com o perdão. Perdoe não uma, mas 70 x 7. E seja feliz!

É importante que saibamos: o perdão e o respeito são alicerces para uma família tranquila e feliz.

A falta de perdão prejudica tanto a relação entre as pessoas quanto a relação com Deus. O perdão é necessário para curar espiritualmente os corações.

Alegria

"Alegrai-vos sempre no Senhor. Repito: Alegrai-vos".

Filipenses 4,4

Cada novo dia está diante de nós à oportunidade de renovação da vida. Tanto pelo amor, quanto pela paz e alegria.

Se neste momento você está para baixo, levante-se. Permita que o Espírito Santo renove o seu coração com a alegria do Senhor.

Não vale a pena perder tempo com a tristeza. Nessa hora lembre-se de Jesus. Peça ao Espírito Santo, e Ele o dará a alegria necessária!

Deixe o Senhor te dar a alegria e a força do Espírito Santo. Permita-se o direito de sentir uma mão te ajudando a levantar.

A Deus deve pertencer as nossas preocupações. Coragem! Levante e encontre em você a alegria de esperar no Senhor.

A alegria não é simplesmente um sentimento humano. Ela é fruto do Espírito Santo. Um presente de Deus que recebemos no Batismo.

Para viver a alegria é necessário cultivar o otimismo e a esperança diante de todas as situações. Para isso é preciso estar atento!

Abra o seu coração e aceite o amor de Deus. Assim, você será incendiado de esperança, força e alegria.

A alegria é a melhor maneira para superar os obstáculos.

Caridade

Disse Pedro: "Não tenho nem ouro nem prata, mas o que tenho, eu te dou. Em nome de Jesus Cristo Nazareno, levanta-te e anda!"

Atos dos Apóstolos 3,6

É preciso abrir o coração à prática do bem comum. Porque existe mais alegria em dar do que receber. Acredite!

Amar é servir! Todas as vezes que ajudamos alguém, um sentimento de felicidade suprema toma conta de nós.

O amor verdadeiro está na prática da caridade. Então seja perseverante no bem e na prática da caridade.

Amamos a Deus no próximo, e amamos o próximo em Deus. O amor não pode ter divisão.

A caridade é a boa disposição de ânimo. Para todas as criaturas, Deus vê um bondoso coração!

Amor

"Com efeito, de tal modo Deus amou o mundo, que lhe deu seu Filho único, para que todo o que nele crer não pereça, mas tenha vida eterna."

João 3,16

No amor não existe mal!

A única coisa que resta de tudo o que dizemos, fazemos, pensamos e programamos, é o amor.

Quando somos tocados pelo Amor de Deus, conseguimos enxergar o mundo com outros olhos.

Não existe situação difícil de nossa vida que não possa ser mudada pelo amor de Deus.

Somente o amor gratuito é prova de uma fé, grande, profunda. Capaz de remover as "amoreiras" da mentira, da injustiça, da maldade e do pecado.

Deus é amor que olha para nós, entende as nossas falhas e fracassos.

Jesus Cristo tem o remédio para todas as nossas enfermidades.

Quem está repleto de amor de Deus, tem em si uma força sobrenatural e inabalável. Embriague-se também deste AMOR e transforme a sua vida!

Deus ama a todos com um amor eterno. Antes mesmo de conhecê-Lo e amá-Lo, Ele já te ama com o seu mais imenso amor.

Somos sementes de amor, de justiça, fraternidade, e não de guerra. Somos seguidores de Cristo!

Sem o amor não somos dignos do título de cristãos. O amor é o diferencial dos cristãos.

O amor derramado pelo Espírito Santo não é um mero sentimento. Mas a força do alto para sermos bons, alegres e prontos para perdoar.

Conselhos

"Ao insensato parece reto seu caminho, enquanto o sábio ouve os conselhos".

Provérbios 12,15

Devemos dar graças, sempre. Pois as forças do inimigo não suportam quando louvamos a Deus com amor. Elas ficam sem a menor força contra nós!

Não se desespere, entregue sua vida e seus problemas ao Deus de amor. Deixe-o arrancar da sua vida, cada uma de suas aflições.

Em vez de viver nas sombras do ontem, caminhe na luz do hoje e na esperança do amanhã. Isso é possível tendo a certeza do amor de Deus.

Muitas pessoas perguntam: Por que tanta maldade e violência? A resposta é: Faltam pessoas com a experiência do amor de Deus.

Não existe situação difícil da nossa vida que não possa ser mudada pelo amor de Deus.

A saudade e as lágrimas surgem, mas o consolo de Jesus é mais forte. Jesus ressuscitou para nos abençoar.

Não tenhamos medo de abrir o coração para Jesus. Ele não veio para nos condenar, mas para salvar. Basta pedir: "Restaura-me, cura-me, liberta-me".

Deus nos faz pessoas melhores, todos os dias. Ele tudo sabe. E, na medida da nossa abertura, nos restaura, cura e liberta.

Não importa onde você está. Não importa a sua idade. Deus quer reavivá-lo com o fogo do Espírito Santo para incendiar o seu mundo com o amor.

Esperar é crer que o sofrimento chegará ao fim e que todas as dificuldades podem ser superadas.

Não se deixe abater. O Deus de amor está com você. Levante a sua cabeça e permita que a esperança lhe devolva a coragem diante da vida.

É preciso coragem para dizer "não" a todo tipo de corrupção da carne e do espírito.

Não importam quais foram os seus fracassos ou erros. Jesus deseja dar a você a oportunidade de uma transformação.

Confiar em Jesus é ter certeza de que Ele fará o melhor para você. Mesmo que "o melhor" não seja exatamente o que você quer naquele momento.

O caminho das pedras para dar adeus ao mau humor é não bloquear a fonte da alegria vinda do coração de Deus.

Quem reage diante das dificuldades com otimismo, enfrenta a vida melhor. Deus deseja isso para você!

Milagres

"Deus fazia milagres extraordinários por intermédio de Paulo, de modo que lenços e outros panos que tinham tocado o seu corpo eram levados aos enfermos".

Atos dos Apóstolos 19,11

Aprenda o quão grande é o amor que Deus tem por você. Dessa forma, passará pelas provações e experimentará os milagres em sua vida.

O milagre começa no nosso coração, por meio da confiança colocada em Jesus Cristo. O que parecia impossível torna-se possível. Acredite!

Cura

"Curai os doentes, ressuscitais os mortos, purificai os leprosos, expulsai os demônios. Recebestes de graça, de graça dai!".

Mateus 10, 8

Deus espera nossa súplica, nosso clamor, nossa confiança total, absoluta. Ele é o Senhor da vida que Cura e Salva.

Olhe para Jesus. Deixe a sua luz entrar em seus problemas e você também experimentará continuamente a sua cura.

Confiar em Deus, na fé de que Ele é o nosso Pai e que ele nos ama. Eis os importantes componentes em qualquer processo de cura.

Jesus é como o bom samaritano, que cura as nossas feridas da vida. Ele sempre nos ama e perdoa. Jamais nos condena.

Espírito Santo

"Eu voz batizei com água; ele, porém, vos batizará no Espírito Santo".

São Marcos 1,8

O Espírito Santo é o amor do Pai e do Filho. Ele vem para habitar em nós e tornar realidade todas as promessas de Deus.

Quando o Espírito Santo vem, traz o amor de Deus, cura os nossos medos, liberta-nos dos vícios. E mais, confirma a alegria, a esperança, a paz.

O Espírito Santo é o Advogado que ajuda-nos a enfrentar os problemas. Sempre com a força, a bondade e a alegria de um verdadeiro cristão.

Se neste momento você está para baixo, respire. Permita que o Espírito Santo renove o seu coração com a alegria do Senhor.

Não vale a pena perder tempo com a tristeza. Nessa hora lembre-se de Jesus.

Peça ao Espírito Santo e Ele dará a alegria necessária!

O Espírito Santo nos fortalece para que tenhamos a certeza da manifestação do poder e providência de Deus.

Não podemos ser pessoas pessimistas e sem esperança. Devemos ter sempre a presença de Deus e a experiência com o Espírito Santo.

Quem está cheio do Espírito Santo se torna uma nova criatura, ainda mais capaz de enfrentar os problemas e desafios da vida.

É preciso romper com a preguiça de pedir ao Espírito Santo, de rezar clamando que venha do alto a ajuda necessária para escolher bem.

Se você se sente fraco e incapaz de lutar contra a imensidão dos seus problemas, pare. Peça a Deus que renove o poder do Espírito Santo em sua vida!

Somente com a ajuda do Espírito Santo você poderá experimentar a presença do amor de Deus dentro de você.

Sabedoria

“Feliz do homem que encontrou a sabedoria, daquele que adquiriu a inteligência”.

Provérbios 3,13

Pare para conversar com o Deus que está em seu coração. Faça uma pausa e um pouco de silêncio para ouvi-Lo, pedir força e alegria renovadas.

Quando rezamos, no silêncio do nosso coração, permitimos que Deus se ligue intimamente conosco, e cicatrize as nossas feridas.

O mundo precisa ver nos seguidores de Jesus o exemplo na prática do amor. O mandamento do Mestre é: Amai-vos uns aos outros, como eu vos amei.

Família

"Honra teu pai e tua mãe, para que teus dias se prolonguem sobre a terra que te dá o Senhor, teu Deus".

Êxodo 20,12

A oração do casal é um importante meio. Com ela é possível crescer no amor originário de Deus.

Você já pensou no plano maravilhoso que Deus tem para você e sua família? "Crê no Senhor Jesus e serás salvo, tu e tua família". Ato 16:31.

Pecado e Conversão

"Porque o salário do pecado é a morte, enquanto o dom de Deus é a vida eterna em Cristo Jesus, nosso Senhor".

Romanos 6,23

Pecado é tudo o que nos afasta do amor de Deus. É preciso confessar os pecados de maneira correta. Só então se torna possível ir ao encontro do Senhor.

Qual é o pecado mais grave? A falta de amor. Onde falta o amor não existe paz, mas conflitos. Quem ama a Deus, ama o próximo e se afasta do mal.

Somente um coração vigilante, e aberto a Deus, consegue se livrar das armadilhas do pecado e viver liberto de qualquer escravidão.

O pecado, muitas vezes, vai se apoderando de nossas vidas, porque não enxergamos a maldade dos nossos atos.

Por mais que o nosso pecado tenha

nos derrubado, podemos levantar. "Caio miseravelmente, e tu me levantas misericordiosamente", Santo Agostinho.

Deus nos chama para lutar contra a fraqueza, reconhecer a nossa fragilidade e fugir das ocasiões de pecado. Tudo, sem olhar para trás.

Não podemos ter uma visão ingênua e pensar que Deus não se importa com os nossos pecados. Deus recrimina o pecado, mas Ele ama o pecador.

Cruz

"Quem não toma a sua cruz e não me segue, não é digno de mim".

Mateus 10,38

Jesus morreu na cruz a nossa morte, para nos dar a sua vida. Esta morte foi causada pelo nosso pecado.

A cruz indica não existir pecado sem perdão. Basta se aproximar para receber a graça da restauração. Deus nos chama para os braços do Seu amor.

A cruz é a porta para o céu e a vitória de nós cristãos.

O sangue derramado na Cruz tem a linguagem, meu querido e minha querida, do infinito amor de Deus por você.

A vida nem sempre é aquilo que gostaríamos que fosse. O correto, portanto, é tomar a nossa cruz, aceitar as dificuldades, confiando-a a Deus.

Os braços abertos de Jesus na cruz são um convite para que nos abriguemos no Seu misericordioso amor. Ele não se cansa de nos amar.

Se olharmos para a cruz com o mesmo olhar de Deus, veremos que todas as nossas necessidades já foram tocadas pela bênção de Deus.

Na cruz, Jesus levou toda a nossa fragilidade humana feita de pecados, fraquezas, vícios, sofrimentos.

A grandeza do amor de Deus se manifestou na cruz de Nosso Senhor Jesus. Aí jorrou do lado aberto uma fonte de graças.

Carregamos os nossos problemas até o Calvário. Mas quando lá chegamos, é Jesus quem toma o nosso lugar na cruz.

A cruz é a porta pela qual Deus entrou em nossa vida. É através dela que Ele dá o testemunho do seu infinito amor por nós!

Motivação

“Tudo o que fizerdes, fazei-o de bom coração, como para o Senhor e não pra os homens”.

Colossenses 3,23

Não deixe se abater pelas dificuldades. Tenha fé e confiança. Lembre-se que jamais carregamos uma cruz maior do que a nossa capacidade.

Não fique olhando para o passado, para os erros, fracassos ou sonhos não realizados. Viva o hoje com toda a coragem.

Seja lá o que você estiver passando, mantenha viva uma certeza: Deus é capaz até quando você não é.

Sacramentos

"Ide, pois, e ensinai a todas as nações; batizai-as em nome do Pai, do Filho e do Espírito Santo".

Mateus 28,19

Foi pensando em cada um de nós que Jesus, num ato de misericórdia e amor, instituiu o Sacramento da Eucaristia.

Só quem entende o que é o amor entende o mistério da Eucaristia. Pois a sua essência é o amor.

No sacramento do matrimônio, o casal recebeu a mesma graça. O marido cristão cultiva a presença de Deus com a esposa, orando com ela e por ela.

A Eucaristia é Jesus por inteiro, pronto para nos transformar, curar e libertar.

A água e sangue da chaga de Jesus apontam para o batismo e Eucaristia. O batismo nos torna filhos de Deus, a Eucaristia mantém a graça.

O sacerdote é outro Cristo, porque tem o ofício de continuar a missão do Cristo entre os homens. Ele prega, celebra a Eucaristia, traz vida.

Humildade

"O temor do Senhor é uma escola de sabedoria. A humildade precede a glória".

Provérbios 15,33

O que é ser humilde para Jesus? É, por amor a Deus, colocar o melhor de si no relacionamento com o próximo.

A humildade diante de Deus nos torna uma pessoa gentil diante dos outros. Pratique a gentileza!

Medo

E vós viestes no dia em que vos invoquei e dissestes: "Não tenhas medo!".

Lamentações 3,57

Quando Jesus atravessa os nossos medos e nos cura, já não temos mais medo de viver como cristãos. Significa o testemunho do amor e verdade!

No lugar do medo e do espanto é preciso confiar, esperar no Senhor. Independente das circunstâncias.

Palavra de Deus

"Santifica-os pela verdade. A tua palavra é a verdade".

João 17,17

A Bíblia é a Carta de Amor que Deus escreveu para nós. Em cada página encontramos ensinamentos que direcionam os nossos passos.

Sejamos sensatos e cada vez mais obedientes a palavra de Deus. Quanto mais eu me inclino para o que nos ensina a Palavra, mas feliz eu sou.

A palavra de Deus é a bússola que nos mantém no caminho correto. Leia a palavra de Deus, inspire-se nas coisas do Alto!

A Bíblia é, sem dúvida, a instrução do Criador para a nossa vida. Ela nos ensina como viver melhor.

A palavra de Deus e a Eucaristia estão sempre à disposição de quem deseja reencontrar a paz no coração e a alegria diante da vida!

A Bíblia é a fonte de inspiração e alimento para quem deseja ser feliz e realizado.

A Palavra de Deus fala em amor, perdão e fraternidade. Verdades, em sua essência, que provém da Bíblia.

A Bíblia mostra que se obedecermos a palavra de Deus, Ele nos abençoará e revelará os seus planos para nós.

Quando a Palavra habita em nós, vencemos o egoísmo de guardar as coisas boas somente para nós. Passamos a anunciar o amor de Deus.

Maria

O anjo disse-lhe: "Não temas, Maria, pois encontrastes graça diante de Deus. Eis que conceberás e darás à luz um filho, e lhe porás o nome de Jesus".

Lucas 1,30-31

Como Maria, temos que aprender a guardar a Palavra de Deus em nosso coração. E assim ela se transforma em Palavra de vida.

Imaculada Conceição revela quem é Maria: "Mulher radicalmente santa, na totalidade de sua existência, desde o início".

Quem examina com atenção as aparições de Nossa Senhora, reconhece certa continuidade dos cuidados amorosos de Deus para com o seu povo.

Com Maria aprendemos a dar nosso sim a Deus. E a encontrar a verdadeira felicidade.

Maria Santíssima! Mesmo com todas as

dificuldades enfrentadas, nunca deixou de semear bênçãos e palavras de amor a todos os que a cercavam.

Para transformar o mundo, Deus escolheu Maria. A humilde moça é o convite para se aprender sobre o verdadeiro significado do amor de Deus!

Se quisermos aprender a buscar a Deus, a escola é a doce Virgem Maria. Ela nos ensina a importância da docilidade à Palavra.

Maria tem lugar excepcional no plano da salvação. Porque foi escolhida para ser a mãe do Filho de Deus.

A Virgem Maria nos convida a viver desde já como cidadãos do céu. Diga sim ao amor, a alegria e a verdade.

Maria é o testemunho de que Deus exalta os humildes. O verdadeiro humilde é quem reconhece a sua dependência de Deus.

Maria Santíssima! No papel de esposa e mãe, é a prova de amor, dedicação e obediência à vontade de Deus.

Jesus

Disse-lhe Jesus: "Eu sou a ressurreição e a vida. Aquele que crê em mim, ainda que esteja morto, viverá".

João 11,25

Jesus tem o poder de curar todas as áreas de nossa vida. Nada escapa ao Seu olhar. E tudo é possível se vamos com confiança a Ele.

O Santo Nome de Jesus é poderoso. Ele traz inúmeras graças a todos àqueles que o invocam, com amor e devoção.

Jesus continua chamando e capacitando seu rebanho a realizar grandes obras. Seja persistente. O chamado é para mim, para você, para todos nós.

Tenha sempre no coração essa certeza: Jesus te ama. Com Ele você é capaz de vencer qualquer tempestade da vida!

O caminho para a vitória pessoal é acolher Jesus. Só Jesus pode te dar o que ninguém pode.

Somente Jesus, sinal do amor de Deus pelos homens, é capaz de libertar o homem da escravidão.

Paz

"Deixo-vos a paz, a minha paz vos dou".

João 14,27

Só quem tem Cristo como amigo vive sempre feliz e em paz.

Jesus deixou-nos por herança: a paz e a alegria. E essa alegria de Cristo, profunda e verdadeira, não é passageira.

Retornemos para o bem enquanto é tempo. Para isso temos a Jesus; verdade, vida, caminho, e paz, como companheiro de jornada.

Quando somos agradecidos vivemos mais alegres e em paz conosco e com nossos semelhantes.

Dentro de nós deveria sempre existir a paz advinda do Espírito Santo. Capaz de nos dar a aptidão para escutar a tudo, com uma mente sem preconceitos.

"Deixo-vos a paz, a minha paz vos dou". A paz é um dom, uma graça, uma conquista, um privilégio, uma riqueza!

Igreja

"E eu te declaro: tu és Pedro, e sobre esta pedra edificarei a minha igreja, e as portas do inferno não prevalecerão contra ela".

Mateus 16,18

Cultive a fé! Ela nos dá a certeza da presença de Deus. Creia que ninguém está privado da família. A Igreja é a casa e a família de todos.

Jesus não deseja somente belas igrejas. Mas a consciência de que somos as pedras vivas desta Igreja, da qual Ele é a cabeça.

Agora é a hora de voltar, volte para a Igreja Católica. Deus está de braços abertos para receber a todos.

Não sejamos cristãos apenas comprometidos com o ritual de ir à igreja. É necessário parar de se rezar mecanicamente, semana após semana.

A Igreja tem a missão de administrar o sacramento do perdão. Não são os padres que perdoam. Mas sim o Cristo, que o faz na pessoa do sacerdote.

Santidade

A exemplo da santidade daquele que vos chamou, sede também vós santos em todas as vossas ações, pois está escrito: "Sede Santos, porque eu sou Santo".

1 Pedro 1,15–16

Somos chamados à santidade. Esta é a vocação central da vida de todos os cristãos.

A vida é um aprendizado de santidade.

A Santidade é um caminho a ser trilhado todos os dias. Sempre com muito esforço e dedicação.

Quando espalhamos o amor que brota do Coração de Cristo para as pessoas, estamos trilhando o caminho da santidade.

Busquemos a santidade a cada dia. Não a santidade heroica e lendária. Mas a santidade possível. Aquela que traz paz, serenidade e leveza a nossa alma.

Saúde

"Coração alegre, bom remédio; um espírito abatido seca os ossos".

Provérbios 17,22

Deixe o médico dos médicos colocar o remédio em TODAS as suas feridas. Jesus quer lhe dar a saúde do espírito, das emoções e do corpo.... Creia!

Deus ama você. Por isso, deseja dar a você a saúde do espírito, alma e corpo. O meio é a fé. Isto é, abrir sem medo o seu coração a Jesus.

Política

"Nós, porém, somos cidadãos dos céus. É de lá que ansiosamente esperamos o Salvador, o Senhor Jesus Cristo".

Filipenses 3,20

Alguns dizem: "política é coisa do diabo". Do diabo é o modo como alguns se portam na política. O cristão pede a Deus, a graça para saber votar.

Precisamos rezar muito por um país onde crescem a miséria, a violência, os problemas sérios na saúde... E as autoridades dizem que tudo vai bem.

O Brasil não precisa de plebiscito. Precisa de soluções para a corrupção, saúde, educação, segurança... A criação é obra de Deus, e muitos esquecem.

A falta da verdadeira prática de Deus é porta aberta para a corrupção. É onde surge uma sociedade com déficit em saúde, segurança, educação.

Temos eleições a cada dois anos. Cuidado com a propaganda ou o simples fato do candidato ter uma religião... Por que ele quer ser eleito? Tem ficha limpa?

Missão

E disse-lhes: "Ide por todo o mundo e pregai o Evangelho a toda criatura".

Marcos 16,15

Cada atividade neste mundo é a missão dada por Deus para sermos seus representantes. Nossas palavras e atitudes serão testemunho, ou mancha.

Tornar visível a nossa fé por meio de atos e palavras é a missão mais urgente. E faz isso quem foi transformado por Jesus.

O cristão tem a missão de colaborar na construção de um mundo melhor. Um dos meios é escolher políticos dignos.

A minha missão é fazer com que o Brasil mergulhe no amor de Jesus Cristo.

Cada um de nós tem uma missão. É preciso encarar isso com a convicção de que, em Cristo, somos mais que vencedores.

Hoje você tem a missão de fazer o nome de Jesus conhecido. A repetição do nome de Jesus preencherá todo o seu coração.

Quando Deus chama alguém, também o capacita para a missão. Deus chama você a viver a vitória de Jesus. Não deixe nada tirar de você esta certeza.

É preciso ir além das nossas paredes e expandir a nossa ação evangelizadora.

Religião

"Se alguém pensa ser piedoso, mas não refreia a sua língua e engana o seu coração, então é vã a sua religião".

Thiago 1,26

O cristianismo não diz o que devemos fazer. Mas revela o que Deus fez por nós.

O cristianismo não é uma simples religião, onde nos esforçamos para viver alguns ensinamentos de Jesus. É o encontro com Ele, que muda a nossa vida.

Quaresma

"Em Seguida Jesus foi conduzido pelo Espírito Santo ao deserto para ser tentado pelo demônio. jejuou quarenta dias e qurenta noites. Depois teve fome."

Mateus 4,1-2

Cada prática da quaresma tem uma única finalidade: levar a um encontro mais profundo com Deus.

Quaresma é tempo de voltar para o Senhor, tempo de abertura para Deus.

A quaresma é o convite para crescer na amizade com Deus.

A quaresma é tempo para melhorar a oração, ou começar a praticá-la.

No tempo da quaresma somos conduzidos pelo Espírito Santo. Desafio? Derrotar as tentações de Satanás diante do dia a dia, diante da vida.

Quaresma é tempo de combater o espiritual e renovar a experiência do amor de Deus.

Natal

"Hoje vos nasceu na Cidade de Davi um Salvador, que é o Cristo Senhor".

Lucas 2,11

Natal é festa da graça de Deus em nosso meio. E se de fato entendemos o Natal, passamos a vivê-lo dia após dia.

O verdadeiro presente de Natal é a alegria. Neste dia leve Jesus pelo seu sorriso, por um gesto bom, pelo perdão.

O importante é aprender o valor das realidades simples da vida. Esta é a lição do Natal. Reconhece Jesus, quem se deixa iluminar pela sua luz.

O Natal começa no coração. Basta dizer: Jesus renova-me com Teu amor!

O Natal começou em Belém, com o nascimento de Jesus! Mas tem que continuar em nosso coração. Abra sem medo as portas para o amor de Deus.

O Natal nos recorda que Deus quer fazer em nossa vida o que fez com a de Maria: formar Jesus no coração. "Se você permitir eu entro", diz.

Páscoa

Disse-lhe Jesus: "Eu sou a ressurreição e a vida. Aquele que crê em mim, ainda que esteja morto, viverá".

João 11,25

A Páscoa é o convite de Deus para começar uma nova vida com Jesus. É deixar o passado no passado. É viver a alegria e o amor de Deus.

A Páscoa dá a boa notícia do amor de Deus: Jesus morreu na cruz e ressuscitou para nos abençoar. Ele esta vivo! Pronto para nos transformar.

Não existe Páscoa se o coração não acolhe com alegria o amor de Deus. Neste amor ressuscitamos. Isto é, passamos da derrota para a vitória.

A Páscoa é a oportunidade para renovação. Ideal para termos, em nosso coração, a certeza de que toda realidade pode ser transformada por Deus.

Alimentados pela Eucaristia, na graça da Páscoa, recebemos a força para sair de nós mesmos. Felizes com Jesus fazemos os outros felizes também.

Advento

"Eis que venho em breve! Felizes aqueles que põem em prática as palavras da profecia deste livro".

Apocalipse 22,7

O advento é tempo de grande preparação, de expectativa. E HOJE, como Zacarias, estamos vislumbrando a sua chegada. VEM, SENHOR JESUS!

No Tempo do Advento, deixemos Cristo agir em nós, abandonando nossos próprios caprichos.

O Advento é tempo propício à conversão.

O Advento é um convite. Aceita aprender com Maria a dar o sim a Deus?

Comunidade

"Ajudai-vos uns aos outros a carregar os vossos fardos, e deste modo cumprireis a Lei de Cristo".

Gálatas 5,2

Não se vive o cristianismo no eu: minha paróquia, minha comunidade, meu movimento... Essa atitude é de seita. Abramos os braços e o coração.

Seja praticante da palavra que medita em comunidade, na família ou individualmente. É preciso aplicar em nossa vida, as verdades de Jesus.

Esperança

"Sede alegres na esperança, pacientes na tribulação e perseverantes na oração".

Romanos 12,12

Na ressurreição, o amor se fez eterno, a vida venceu para sempre. Portanto, a falta de esperança deve ser eliminada.

Todos que confiam sua vida a Deus encontram o consolo necessário, a alegria e o amor. Sentimentos próprios dos que não duvidam do poder do alto!

A cada novo dia, uma nova busca pela evolução. Ser o melhor, mais completo, mais caridoso e cheio do amor de Deus.

Deus ama a todos sem fazer diferenças. Ninguém é esquecido por Ele. Nem você.

Não se deixe abater. O Deus de amor estará com você. Levante a sua cabeça e permita que a esperança lhe devolva a coragem diante da vida.

Nem sempre somos capazes de encontrar respostas para todos os problemas da vida. Mas, movidos pela fé em Jesus, jamais perderemos a esperança.

Debaixo de todos os problemas cotidianos e tribulações do dia a dia, eis que está Deus. Oferecendo força, alivio e, se necessário, milagre.

Manter viva a esperança não é fingir que os problemas não existem. Mas saber que são passageiros.

A esperança é um dos principais ingredientes para não se deixar vencer pelos problemas.

Não se deixe abalar pelos contratempos e dificuldades do caminho. Coloque a sua segurança em Deus e descobrirá a capacidade de enfrentá-los.

Se você caiu, se levantará, porque sentirá Deus impulsionando a sua vontade. Se for necessário recomeçar, Deus lhe dará coragem.

Quem tem fé tem esperança. Quem

tem esperança, elimina o desânimo, tem alegria, promove motivação interior para que somente coisas boas aconteçam.

Só Deus é a fonte da felicidade. Só Ele é capaz de renovar as nossas forças, devolver a esperança, dar coragem, e operar milagres.

Seja bom e perceba como passará pelas dificuldades de uma maneira nova. E mais, cheio de esperança e seguro em Deus.

Prece e Conselhos

Salmo 90

Tu que habitas sob a proteção do Altíssimo,
que moras à sombra do Onipotente,
dize ao Senhor: Sois meu refúgio e minha
cidadela, meu Deus, em que eu confio.

É ele quem te livrará do laço do caçador,
e da peste perniciosa.
Ele te cobrirá com suas plumas,
sob suas asas encontrarás refúgio.
Sua fidelidade te será um escudo de
proteção.

Tu não temerás os terrores noturnos,
nem a flecha que voa à luz do dia,
nem a peste que se propaga nas trevas,
nem o mal que grassa ao meio-dia.
Caiam mil homens à tua esquerda
e dez mil à tua direita, tu não serás atingido.

Porém verás com teus próprios olhos,
contemplarás o castigo dos pecadores,
porque o Senhor é teu refúgio.
Escolheste, por asilo, o Altíssimo.

Nenhum mal te atingirá,
nenhum flagelo chegará à tua tenda,
porque aos seus anjos ele mandou
que te guardem em todos os teus
caminhos.

Eles te sustentarão em suas mãos,
para que não tropeces em alguma pedra.
Sobre serpente e víbora andarás,
calcarás aos pés o leão e o dragão.

Pois que se uniu a mim, eu o livrarei;
e o protegerei, pois conhece o meu nome.
Quando me invocar, eu o atenderei;
na tribulação estarei com ele.

Hei de livrá-lo e o cobrirei de glória.
Será favorecido de longos dias,
e mostrar-lhe-ei a minha salvação.

"Se orarmos seremos capazes de amar, e se amarmos seremos capazes de servir. Reze tal qual uma criança. Você deve se dirigir a DEUS como uma criança. Uma criança não tem dificuldade de expressar o que pensa em palavras simples, que dizem muito. Se uma criança ainda não foi desvirtuada e ainda não aprendeu a mentir, ela dirá tudo. É necessário apenas, aquela pequena elevação de mente a Deus "Eu te amo, Deus eu confio em ti, eu preciso de ti agora"

Madre Teresa de Calcutá

" A vida não pode ser simplesmente uma procura de riqueza, de bem-estar, de honrarias, mas constitui também uma aspiração mais profunda no interior de cada um, um desejo de vida interior e de encontro com o Senhor, que bate à porta do nosso coração para nos dar a sua vida e seu amor."

João Paulo II

"O cristão é uma pessoa conquistada pelo amor de Cristo e, movido por este amor - "caritas Christi urget nos" (2 Cor 5, 14) - , está aberto de modo profundo e concreto ao amor do próximo (cf. ibid., 33). Esta atitude nasce, antes de tudo, da consciência de ser amados, perdoados e mesmo servidos pelo Senhor, que Se inclina para lavar os pés dos Apóstolos e Se oferece a Si mesmo na cruz para atrair a humanidade ao amor de Deus."

Bento XVI

"Deus nunca se cansa de perdoar, mas nós, por vezes, cansamo-nos de pedir perdão. Nunca nos cansemos, nunca nos cansemos! Ele é o Pai amoroso que perdoa sempre, que tem um coração de misericórdia para todos nós. E também nós aprendamos a ser misericordiosos para com todos."

Papa Francisco

Três palavras para a paz na família e na vida

Papa Francisco ensinou: "Estas palavras abrem o caminho para viver bem na família e em paz com todos. São palavras simples, mas ao mesmo tempo difíceis de colocar na prática da vida diária. E quando não são usadas, pode-se abrir 'rachaduras' que levam as famílias a 'desmoronar' e também os demais relacionamentos com as pessoas no dia a dia."

1° Palavra: *Com Licença*

É o pedido amável para entrar na vida de alguém com respeito e atenção. São Francisco dizia: 'A gentileza é a irmã da caridade, que apaga o ódio e mantém o amor'.

"Cada um de vós tenha bom coração e seja compassivo para com o irmão."

Zc 7,9b

2° Palavra: *Obrigado*

A gratidão é um sentimento importante. Sabemos agradecer? É importante manter viva a consciência de que a outra pessoa é um dom de Deus, e aos dons de Deus diz-se obrigado.

"Recomendo que se façam preces, orações, súpicas, ações de graças por todos os homens."

1° Tm 2,1

3° Palavra: *Desculpe*

Na vida cometemos muitos erros, enganamo-nos tantas vezes. Daí a necessidade de utilizar esta palavra tão simples: desculpe.

"Suportai-vos uns aos outros e perdoai-vos mutuamente, toda vez que tiverdes queixa contra outrem. Como o Senhor vos perdoou, assim perdoai também vós."

Col 3,13